Tanya and the Tobo Man
A Story for Children Entering Therapy

Tanya y el Hombre Tobo
Una Historia Para Ninos
Que Empiezan Terapia

LESLEY KOPLOW, C.S.W.

illustrated by   *ilustrado por*
ERIC VELASQUEZ

Spanish translation by   *traducido al español por*
Alexander Contos

BILINGUAL EDITION

MAGINATION PRESS • Washington, DC

To my friends at the Center for Preventive Psychiatry — LK

In appreciation of African masks which are as beautiful
as they are haunting — EV

Library of Congress Cataloging-in-Publication Data
Koplow, Lesley.
    Tanya and the Tobo Man = Tanya y el Hombre Tobo : a story in English
and Spanish for children entering therapy / by Lesley Koplow ;
illustrated by Eric Velasquez.
        p.   cm.
    Summary: Tanya's continuing fear of the Tobo Man leads her mother
to start her in therapy at a children's mental health center, where
she discovers how to express her feelings and eventually loses her
fear.
    ISBN 0-945354-34-7 (cloth) — ISBN 0-945354-33-9 (paper).
    1. Child psychotherapy—Juvenile literature. 2. Fear in children-
-Juvenile literature. [1. Psychotherapy. 2. Fear. 3. Spanish
language materials—Bilingual.] I. Velasquez, Eric, ill.
II. Title. III. Title: Tanya y el Hombre Tobo.
RJ504.15.K66   1991
618.92′8914—dc20   91-85
[E]   CIP
                                                     AC

Manufactured in the United States of America

10 9 8 7 6 5 4 3 2

Introduction for Parents

All young children find the world a scary place at times. But some children's fears seem to linger and prevent them from enjoying their lives at home and adjusting well at school. Parents may feel helpless to make the child feel better, but may hesitate to get professional help for a child so early in life.

Tanya and the Tobo Man is the story of a little girl who becomes fearful and needs help. Tanya's teacher suggests therapy and makes a referral to a children's mental health center. Tanya and her mother are worried about what to expect from therapy. Finally, they make an appointment and together they discover what therapy for children is all about.

Tanya and the Tobo Man will help young children and their parents to prepare for treatment and to feel more familiar with the therapeutic process. In the end, Tanya and her mother learn that therapy can be a hopeful, growth-promoting experience.

Introduccion para los padres

Para todos los niños hay momentos en que el mundo les parece un lugar terrible. Pero hay algunos temores que duran e impiden a los niños disfrutar de la vida en la casa y ajustarse en la escuela. Muchas veces los padres se sienten incapaces de hacer que se sientan mejor sus hijos pero aún así, vacilan en pedir una ayuda profesional para un niño pequeño.

Tanya y el Hombre Tobo es la historia de una niña que empieza a tener temores y necesita ayuda. La profesora de Tanya aconseja que vaya a terapia y le recomienda un centro de salud mental para niños. Tanya y su mamá están preocupadas acerca de los resultados que pueden esperar de la terapia. Finalmente, hacen una cita y descubren juntas lo que significa la terapia para niños.

Tanya y el Hombre Tobo ayudará a los niños y sus padres a que se preparen para el tratamiento y que se sientan más en confianza con el proceso terapéutico. Al fin, Tanya y su mamá aprenden que la terapia puede ser una experiencia que da esperanza y que promueve la maduración.

The Tobo Man came at night.

El hombre Tobo vino en la noche.

He woke Tanya up and made her cry.

Despertó a Tanya y la hizo llorar.

Mama said, "Don't worry, baby. It's only a dream."

Mamá le dijo, "No te preocupes, cariño.
Es sólo un sueño."

But Tanya worried anyway. She worried when the sky was full of clouds. The Tobo Man might be behind them.

Pero Tanya seguía preocupãndose. Se preocupaba cuando el cielo estaba nublado. El hombre Tobo podía estar detrás de las nubes.

She worried when she was
waiting for the train. The
Tobo Man might live in
the tunnel.

Se preocupaba cuando
estaba esperando el tren.
El hombre Tobo podía vivir
en el túnel.

One day, Tanya's teacher called her mama at work. "Please bring extra clothes to school," she said. "Tanya is wetting her pants. I think she is afraid of something in the bathroom."

Un día, la maestra de Tanya llamó a su mamá al trabajo. "Por favor traiga ropa adicional a la escuela," le dijo. "Tanya hace pipí en sus pantalones. Creo que tiene miedo de algo en el baño."

So Mama went to talk to the teacher about Tanya's fears. "I don't know why Tanya is afraid of the Tobo Man," said the teacher. "But I know where you can go to find out." The teacher wrote the name of a children's mental health clinic on a piece of paper. "Therapy might help Tanya so she doesn't feel so afraid."

Entonces Mamá fue a hablar con la maestra acerca de los temores de Tanya. "No sé por qué Tanya tiene miedo del hombre Tobo," dijo la maestra. "Pero sé quien la puede ayudar." La maestra escribió en un pedazo de papel el nombre de una clínica de salud mental para niños. "La terapia podría ayudar a Tanya a no sentirse con tanto miedo."

Mama went home and thought about what the teacher said. She had never gone to therapy. Neither had Tanya or her sister Juanita or her brother Georgie.

Mamá se fue a casa y pensó acerca de lo que la maestra había dicho. Ella nunca había ido a terapia. Tampoco Tanya ni su hermana Juanita ni su hermano Jorgito.

Mrs. Uffen from upstairs heard about Tanya. "You're crazy to take her to one of those places," she said. "Spank her butt when she starts talking about that Tobo Man. He'll be gone soon enough!"

But Mama knew that spanking wouldn't make the Tobo Man go away. And she knew that it wasn't crazy to try to help Tanya. So she called the clinic and made an appointment.

The day of the appointment, Tanya did not want to go. She remembered the last time she went to a clinic. She got a shot. Tanya wouldn't walk right. Mama had to pull her along.

La vecina de arriba, Doña Rosa, oyó lo de Tanya. "Usted está loca llevándola a uno de esos lugares," dijo. "Dele unas nalgadas cuando empiece a hablar del hombre Tobo. ¡Va a desaparecer enseguida!"

Mamá sabía que unas nalgadas no iban a hacer que el hombre Tobo se fuera. Y sabía que no era locura tratar de ayudar a Tanya. Entonces llamó a la clínica para hacer una cita. El día de la cita Tanya no quería ir. Se acordaba de la última vez que había ido a la clínica. La habían inyectado. Tanya no quería caminar. Mamá tuvo que halarla por todo el camino.

At the clinic, they had to wait.
Tanya sucked her thumb and
watched the other children.

En la clínica, tuvieron que
esperar. Tanya se chupaba el
dedo y miraba a los otros niños.

After a while, a therapist came out and called Tanya's name. "My name is Amy," she said. "Let me show you where we will do our work together."

Después de un rato, una terapista vino y llamó el nombre de Tanya. "Me llamo Amy," dijo. "Déjenme enseñarles dónde vamos a hacer nuestro trabajo juntas."

Mama and Tanya followed Amy to her office. Tanya was surprised! There were no shots or examining tables. Only toys! Mama looked surprised, too.

Mamá y Tanya siguieron a Amy a su oficina. ¡Tanya estaba sorprendida! No había inyecciones o camillas. ¡Sólo juguetes! Mamá parecía sorprendida también.

Tanya sat on the floor and played with some teddy bears
while Mama told Amy about the Tobo Man.

Tanya se sentó en el piso y jugó con algunos ositos
mientras Mamá le contaba a Amy acerca del hombre Tobo.

Amy listened carefully. She asked Mama questions about when Tanya was a baby. She also watched how Tanya played. Tanya put the teddy bears to sleep. Then she knocked them out of bed with a mean puppet. "Maybe you are playing a game about the Tobo Man," said Amy. "This is a good place to play and talk about scary things. If we talk about them together, maybe they won't be so scary."

Amy escuchaba con mucha atención. Hizo preguntas a Mamá acerca de Tanya cuando era un bebé. También miraba cómo Tanya jugaba. Tanya puso los ositos a dormir. Después hizo que un muñeco malo empujara a los ositos de la cama. "Tal vez está jugando un juego del hombre Tobo," dijo Amy. "Este es un buen lugar para jugar y hablar de cosas que asustan. Si hablamos acerca de ellas juntas, tal vez no sigan siendo tan terribles."

Every Thursday after school, Tanya came to see Amy. Sometimes Tanya sang to Amy's baby dolls so they wouldn't dream about monsters. One Thursday, Tanya painted a picture of a monster who was even bigger and scarier than the Tobo Man. Amy asked where the monster came from. "From my imagination," said Tanya. Amy asked if Tanya knew the Tobo Man came from her imagination, too. Tanya wasn't sure. The Tobo Man seemed so real.

Todos los jueves después de la escuela, Tanya venía a ver a Amy. Algunas veces Tanya cantaba a las muñecas de Amy para que no tuvieran sueños de monstruos. Un jueves, Tanya pintó un monstruo que era todavía más grande y más espantoso que el hombre Tobo. Amy le preguntó de dónde venía el monstruo. "De mi imaginación," dijo Tanya. Amy preguntó a Tanya si sabía que el hombre Tobo también venía de su imaginación. Tanya no estaba segura. El hombre Tobo parecía tan real.

After that, Tanya sometimes played that *she* was an angry monster, and she tried to break Amy's toys. But Amy's toys were strong.

Después de eso, algunas veces Tanya jugaba a que ella misma era un monstruo enojado y trataba de quebrar los juguetes de Amy. Pero los juguetes de Amy eran fuertes.

One day when Mama brought Tanya to Amy's office,
she said, "Tanya won't talk today."

Un día cuando Mamá trajo a Tanya a la oficina de Amy,
dijo, "Tanya no quiere hablar hoy."

Amy asked what happened to make her so angry. Finally, Tanya whispered, "A boy in school said I don't have a daddy." "Does Tanya have a daddy?" asked Amy. "Yes, but he went away when Tanya was just a baby," said Mama looking angry. "I don't talk about it much," she added.

Amy told Tanya and Mama that if they talked more about the things that make them angry, Tanya might not need to worry so much about monsters like the Tobo Man.

Amy preguntó qué había pasado que la enojó tanto. Finalmente, Tanya murmuró, "Un niño en la escuela dijo que yo no tenía papa." "¿Tanya, tiene padre?" preguntó Amy. "Sí, pero él se fue cuando Tanya era un bebé," dijo Mamá con cara de enojada. "Yo no hablo mucho de ésto," ella dijo.

Amy les dijo a Tanya y a Mamá que si ellas hablaran más de cosas que las hacían enojarse, tal vez Tanya no tendría que preocuparse tanto acerca de monstruos como el hombre Tobo.

Little by little, Tanya and Mama tried talking when they felt angry instead of keeping quiet. After a while Mama began to notice that the Tobo Man had stopped bothering Tanya in her dreams.

Poco a poco, Tanya y Mamá trataron de hablar cuando se sentían enojadas en vez de quedarse calladas. Después de un tiempo Mamá se dió cuenta de que el hombre Tobo había dejado de molestar a Tanya en sus sueños.

Tanya's sister noticed that the Tobo Man had stopped bothering Tanya while she waited for the train.

Tanya's teacher noticed that the Tobo Man was not scaring Tanya in the bathroom.

La hermana de Tanya notó que el hombre Tobo habia dejado de molestar a Tanya mientras esperaba el tren.

La maestra de Tanya notó que el hombre Tobo no asustaba a Tanya en el baño.

And Tanya noticed that the Tobo Man didn't seem very real anymore. When she looked up at the clouds, she didn't see the Tobo Man hiding there. Instead she saw poodle dogs and ice cream cones and bongo drums. Tanya wished she could reach up and catch the cloud pictures and keep them for always. "That's what I'm gonna do when I get taller," Tanya told Mama.

Y Tanya notó que el hombre Tobo ya no parecía muy real. Cuando miraba las nubes, ya no veía al hombre Tobo escondido. En lugar de eso, veía perros de lana y conos de helado y tambores. Tanya deseaba poder alcanzar y agarrar las imágenes de nubes y guardarlas para siempre. "Eso es lo que voy a hacer cuando sea grande," Tanya dijo a Mamá.

Mama smiled.

Mamá sonrió.